LA EXPERIENCIA DE DANIELLE COMO DENUNCIANTE

Protégete: Cómo te puede afectar el robo de datos

Clases de protección de privacidad De una denunciante

Danielle Spencer, MIS, MBA, PMP,
FAC-COR III, FAC-P/PM

Descargo de responsabilidad

La información proporcionada en este libro tiene fines meramente informativos y educativos, y no pretende constituir un asesoramiento profesional. Aunque se ha hecho todo lo posible por garantizar la exactitud de la información, el contenido se basa en experiencias e investigaciones personales de la autora y no debe utilizarse como sustituto de la orientación, el diagnóstico o el tratamiento profesionales.

El autor y el editor no se hacen responsables de los efectos adversos que pudieran derivarse del uso o la aplicación de la información contenida en este libro. Se recomienda a los lectores que utilicen su propio criterio y discernimiento a la hora de aplicar cualquier consejo o recomendación de este libro.

Los documentos y capturas de pantalla que se presentan en este libro pertenecen exclusivamente a mi información personal y a los registros que se me han facilitado. Estos materiales no están relacionados con mi empleo y se limitan estrictamente a mi experiencia personal. No se incluye información sobre otras personas ni sobre su privacidad, y ninguno de los datos presentados compromete la privacidad ni la experiencia de nadie más, incluidas las interacciones con el Servicio de Impuestos Internos (IRS) u otras agencias gubernamentales.

Este libro no está afiliado a ninguna agencia gubernamental. La decisión de compartir mi información personal se toma con el fin de ilustrar un posible patrón de abuso por parte de las agencias gubernamentales y las personas que actúan dentro de ellas, posiblemente relacionado con mi papel como denunciante. Mi intención es denunciar posibles conductas indebidas basándome en mis experiencias reales y de primera mano. Las imágenes y los documentos que se muestran me fueron proporcionados por personas que permanecerán en el anonimato y fueron tomados de mis archivos personales.

Cualquier material protegido por derechos de autor incluido en este libro que pertenezca a organismos gubernamentales se utiliza bajo la doctrina del uso legítimo. Este uso tiene como objetivo la crítica, el comentario y la concienciación pública sobre las acciones de estas agencias. Todo el contenido se comparte de buena fe y dentro de los límites de los principios legales de uso justo, con el fin de apoyar el debate sobre las prácticas gubernamentales y posibles abusos de poder.

La mención de cualquier organismo gubernamental federal o estatal en este libro tiene únicamente fines informativos y de referencia. El autor no está afiliado, respaldado ni patrocinado por ninguna agencia federal o estatal. Cualquier referencia a estas agencias se basa en experiencias personales e información disponible públicamente y no pretende implicar la aprobación, autorización o respaldo oficial por parte de estas agencias.

La información proporcionada sobre las agencias federales y sus funciones pretende ser precisa y objetiva en el momento de su redacción. Sin embargo, los lectores deben verificar de forma independiente los detalles específicos y consultar fuentes oficiales para obtener la información más actualizada. -El uso de nombres de organismos, términos o referencias a programas gubernamentales no constituye asesoramiento legal o profesional, y el autor no asume ninguna responsabilidad por errores, omisiones o cambios en la información después de su publicación.

Contenido

1

Introducción

Dime si alguna vez has tenido esta experiencia. Un empleador te está evaluando para un puesto de trabajo y te hace preguntas a ti y a tus referencias del tipo «¿Tienes hijos ilegítimos?», «¿Hay alguien que sepa algo vergonzoso sobre ti de naturaleza sexual?» o «¿Cuál es la situación económica de tu familia? ¿Hay alguien en ella que sea susceptible de aceptar sobornos?».

Yo diría que no. A la mayoría de la gente no le ha pasado. Antes de convertirme en denunciante, esa era también mi respuesta. Ahora, mi respuesta sería Sí, eso me pasó.

Mi otra pregunta es: ¿cuántos de ustedes piensan que una organización que solicita y recopila este tipo de información sobre posibles empleados podría estar violando la privacidad de esa persona?

Si tu respuesta es sí, estás en lo correcto, podrá ser una violación a la privacidad de esa persona. Y a este tipo de violación a la privacidad se le llama Robo de datos.

Hola, me llamo Danielle Spencer. Soy escritora, defensora de los derechos de privacidad y la justicia social, y especialista en tecnologías de la información (TI) con casi 25 años de experiencia. Tengo una licenciatura en Tecnología Médica y de Investigación, dos maestrías, una en Sistemas de Información y otra en Administración de Empresas, y una certificación de maestría en Seguridad de la Información (Ciberseguridad). También cuento con certificaciones en gestión de proyectos (PMP) y gestión de contratos (FAC-COR III).

A pesar de todas mis credenciales y experiencia, el título más importante que he obtenido es el de denunciante del gobierno federal. Fue mi experiencia como denunciante lo que me enseñó sobre el robo de datos. En la sociedad digital actual, el robo de datos es una amenaza real para la privacidad, el bienestar financiero e incluso nuestra democracia.

Sin embargo, saber es poder, y estar equipado con el conocimiento de lo que es el robo de datos , te da ese poder . Este libro no solo te enseñará sobre el robo de datos, desde mi perspectiva como denunciante, sino que también compartirá contigo las tácticas y técnicas que utilicé para identificar y protegerme de sus devastadores efectos.

2

¿Qué es el robo de datos?

Comencemos por definir qué es el robo de datos. El robo de datos es un tipo de violación de la privacidad que afecta a información personal o confidencial . Lo defino como un acto de revelar, comunicar, divulgar, almacenar u obtener información personal y/o confidencial sin el consentimiento **de una persona en una posición de confianza** (por ejemplo, administrador del sistema, empleado de oficina, especialista en nóminas, etc.).

Las palabras clave en la definición son «por una persona en una posición de confianza». ¿Por qué son clave estas palabras? Son fundamentales porque describen un tipo específico de persona; alguien en quien normalmente confiaríamos. Dado que estas personas ocupan puestos de confianza, tienen acceso a información personal y confidencial como parte de sus funciones laborales . Sin embargo, el acceso a esta información debe regirse por normas y políticas. Estas reglas y políticas definen cuándo se les concede permiso a estas personas para acceder, divulgar u obtener información personal y confidencial.

Piensa en las preguntas que te hice anteriormente y en el contexto en el que se formularon. Estas preguntas invasivas sobre mí y mis seres queridos me fueron formuladas mientras me evaluaban para un trabajo. Las personas que realizaban la verificación ocupaban puestos de confianza como investigadores de antecedentes. Como investigadores, tenían acceso y estaban autorizados a obtener información personal. Sin embargo, existe y continúa existiendo la política de la Oficina de Administración de Personal (OPM, por sus siglas en inglés) que rige la recopilación de datos para la investigación de antecedentes. Según mi investigación, el acto de obtener y almacenar información como la situación financiera de los familiares de una persona que solicita un empleo no entra dentro de ninguna directriz política. Por eso creo que se produjo un robo de datos.

Ahora que ya sabes qué es el robo de datos, veamos las razones por las que puede ocurrir.

3

¿Por qué se produce el robo de datos?

El robo de datos puede producirse por diversas razones, no todas ellas maliciosas o con malas intenciones. Mi experiencia me ha enseñado que sí ocurre, y que las razones suelen encajar en al menos una de las siguientes categorías: ganancia económica, conocimiento, chantaje/extorsión, venganza, curiosidad o envidia. Veamos cada una de ellas con más detalle.

Ganancia económica o material

Creo que la categoría más notable y comúnmente entendida para las personas que desean cometer robo de datos es ganancia financiera y/o material. En pocas palabras, se trata del acto de degradar tu posición para obtener dinero. Cuando se piensa en ello en relación con el robo de datos, se trata de una persona en una posición de confianza que comete robo de datos porque quiere recibir algo de valor, como dinero. Para la mayoría de nosotros, este no es un escenario difícil de imaginar. A lo largo de los años, ha habido varios ejemplos de personas que han vendido fotografías, datos médicos, «historias» o datos financieros, como declaraciones de impuestos, a medios de comunicación o periódicos sensacionalistas a cambio de una cuantiosa suma de dinero. Por lo tanto, eso hace que esta sea una razón por la que se producen robos de datos que todos podemos entender.

Conocimiento

La segunda categoría que hay que definir y analizar es el Conocimiento. El Conocimiento es información que en su mayor parte se considera verdadera o factual. Cuando se piensa en ello en relación con el robo de datos, se trata de una persona en una posición de confianza que comete robo de datos para obtener información veraz sobre una persona o empresa. Después de convertirme en denunciante, creo que personas malintencionadas del gobierno federal cometieron robo de datos porque querían obtener información factual sobre mí, concretamente mi información de identificación personal, también conocida como PII. Esto incluía información como mi nombre completo, número de seguro social (SSN), número de licencia de conducir, número de pasaporte, mis direcciones actuales y anteriores, mi estatura, mi peso, color de ojos, dónde fui a la escuela y mis empleadores actuales y anteriores. También incluía información identificable sobre mis padres, hermanos, vecinos, compañeros de trabajo, supervisores, profesores universitarios y amigos.

Un individuo malintencionado, que dispone de este nivel de detalles REALES sobre una persona, puede generar resultados devastadores para la víctima de robo de datos. Un delincuente puede abrir cuentas de crédito de forma creíble porque ha obtenido un número de seguro social, fecha de nacimiento e información sobre el domicilio; algo que suele ocurrir cuando se ha producido un robo de identidad. También pueden recrear documentos oficiales, como licencias de conducir o pasaportes, ya que disponen de información veraz sobre los datos que contienen estos documentos.

Imagina un escenario de acoso en el que el acosador se encuentra en una posición de confianza para cometer un robo de datos con el fin de obtener información personal sobre el objeto de su obsesión. O bien, una persona que sufre un ataque de ira al volante y que puede obtener información personal identificable de alguien que considera que la ha ofendido en la autopista. Estos son solo algunos ejemplos en los que un malhechor puede cometer robo de datos para obtener información fáctica sobre una persona.

Chantaje o extorsión

La siguiente categoría que hay que definir y analizar es la del chantaje y/o la extorsión . El chantaje y la extorsión son prácticas que consisten en intentar forzar a una persona u organización a realizar una acción específica para que no se revele información comprometedora o comprometedora . Puede incluir intentar obligar a una persona a pagar dinero, pero no siempre. En lo que respecta al robo de datos, esto ocurre cuando una persona en una posición de confianza comete un robo de datos porque quiere obtener información factual para poder chantajear o extorsionar a una entidad específica.

Los ejemplos más conocidos de este fenómeno son aquellos en los que un hacker vulnera las defensas de seguridad de una empresa, extrae información importante (por ejemplo, comete un robo de datos) y luego amenaza con revelar dicha información a menos que la empresa pague una determinada cantidad de dinero o realice una acción específica. Ha habido informes públicos sobre personas adineradas o famosas que han sido víctimas de sucesos similares, por parte de personas que quieren recibir dinero o que esa persona haga declaraciones públicas.

Castigo

La siguiente categoría que hay que definir y analizar es la retribución. En términos sencillos, la retribución es el acto de vengarse o castigar por un mal percibido. En lo que respecta al robo de datos, una persona en una posición de confianza comete robo de datos porque quiere castigar a una persona o empresa por una supuesta injusticia. Creo que fui víctima de un robo de datos porque había personas que querían castigarme por haber denunciado irregularidades.

Como describí en la segunda categoría, una agencia del gobierno federal obtuvo mi información personal identificable (PII) e información sobre personas relacionadas conmigo, sin mi conocimiento, permiso o consentimiento, bajo lo que yo clasificaría como falsos pretextos (posible colocación laboral). Tener información como mi número de seguro social , número de pasaporte , número de licencia de conducir e información financiera, brinda la oportunidad a cualquier persona malintencionada de cometer cualquier número de actos punibles. Estos actos podrían incluir varios acontecimientos potencialmente devastadores , como interferir en el proceso de administración tributaria para provocar que una persona tenga una deuda tributaria fraudulenta o se someta a una auditoría tributaria innecesaria. Esto es algo que creo que me sucedió a mí.

Aunque creo que fui víctima de un robo de datos por ser denunciante, considero que esto puede ocurrirle en otras situaciones a personas que no son denunciantes. Esto puede ocurrir en situaciones domésticas en las que una persona es violenta. En este escenario, la pareja violenta comete robo de datos para castigar a la pareja no violenta, ya sea porque esta última se puso en contacto con las autoridades o se mudó de la residencia compartida.

También puede ocurrir en situaciones en las que ciertos grupos políticos intentan utilizar información obtenida de forma ilícita para castigar a personas y organizaciones que no se comportan de la manera que estos grupos consideran correcta.

Curiosidad

La siguiente categoría que hay que definir y analizar es la Curiosidad. La Curiosidad es el deseo de obtener información sobre una persona, empresa o situación. En lo que respecta al robo de datos, una persona en una posición de confianza comete robo de datos porque siente curiosidad por una persona, empresa o situación. ¿Cómo puede la curiosidad conducir al robo de datos? Un ejemplo es el caso de un recepcionista curioso que trabaja en una consulta médica. Véase el siguiente escenario.

Un empleado de un consultorio médico observa a un nuevo paciente en la sala de espera por cuarto día consecutivo. El trabajador siente curiosidad por saber por qué este paciente ha acudido con tanta frecuencia y se lo pregunta al resto del personal de la clínica. Ninguno lo sabe. Debido a que la consulta médica ha adoptado un sistema de registro electrónico, el personal ya no introduce los datos de los pacientes de forma manual. Por lo tanto, a menos que el personal acceda a los registros médicos electrónicos de un paciente, el personal de la oficina no tiene conocimiento del estado médico del paciente.

El quinto día, cuando este empleado vuelve a ver al mismo paciente en la sala de espera, su curiosidad puede más que él y se conecta al sistema informático para consultar su historial médico. El hecho de consultar esta información, sin necesidad profesional de conocerla ni consentimiento del paciente, infringe la política de la organización. Por lo tanto, en este escenario, cuando este empleado de oficina accedió al expediente de este paciente para revisar la información médica, por curiosidad, cometió un robo de datos.

Envidia

La última categoría que hay que definir y analizar es la envidia. Muchos de nosotros entendemos lo que es la envidia; es un sentimiento de inquietud o resentimiento hacia otra persona y/o entidad. En lo que respecta al robo de datos, una persona en una posición de confianza comete robo de datos para obtener información sobre otra entidad porque siente envidia. Muchos de nosotros entendemos lo que es la envidia; es un sentimiento de malestar o resentimiento hacia otra persona y/o entidad. Seguro que te estás preguntando: «¿Cómo es que la envidia puede llevar al robo de datos?». Responderé con este ejemplo.

Hay dos personas trabajando en el departamento de Recursos Humanos como especialistas en nóminas (especialistas). Uno de los especialistas, el trabajador A, lleva muchos años trabajando en este campo, mucho más que su compañera de trabajo. La nueva compañera de trabajo, la trabajadora B, ha podido realizar varias compras de alto valor, como bolsos de diseño de alta gama y un coche de lujo. El trabajador A siente un poco de envidia de la trabajadora B, porque siempre ha querido comprar los artículos que ella ha comprado, aparentemente sin ningún problema. El trabajador A conoce el rango salarial de la categoría laboral de especialista. Basándose en este conocimiento sobre el rango salarial, no cree que ningún especialista pueda permitirse este tipo de compras. El trabajador A quiere saber cómo es que su compañera de trabajo puede permitirse estos artículos.

En lugar de hacerle esta pregunta a la trabajadora B, el trabajador A decide que puede obtener la respuesta leyendo la información financiera que figura en el expediente personal de la trabajadora B. Sin embargo, la política de la empresa que regula el acceso a los expedientes del personal establece que solo el supervisor de un empleado puede acceder a estos. El trabajador A no es el supervisor de la trabajadora B.

Además, el trabajador A no tiene ninguna razón laboral para acceder y revisar el expediente personal. Por lo tanto, el trabajador A acaba de cometer un robo de datos porque sentía envidia de las cosas materiales que poseía la trabajadora B.

Ahora que sabemos qué es el robo de datos y las razones por las que puede ocurrir, hablemos de algunas de las posibles repercusiones del robo de datos.

4

Posibles repercusiones del robo de datos

Cuando alguien ve vulnerados sus derechos, es habitual tener la sensación de ser víctima de un abuso. Estos sentimientos pueden ir desde la enojo por haber sido violados tus derechos hasta la vergüenza. En la era digital, donde la información se puede difundir rápidamente, antes de que la víctima pueda reaccionar, comprender los posibles impactos del robo de datos se vuelve aún más necesario. Aunque el robo de datos puede tener muchas repercusiones, me centraré en las que me afectaron directamente.

Violación de privacidad

Creo que el impacto más importante del robo de datos es que se viola o se ha violado la privacidad de una persona o empresa. ¿Por qué es importante? Esto es importante porque el robo de datos significa que información personal, privada y/o confidencial llega a manos de personas que no tienen una necesidad comercial válida de conocerla. Una posible consecuencia del robo de datos es que la información médica de una persona pueda llegar a manos de personas que no tienen ningún motivo profesional para conocerla. Otro resultado potencial del robo de datos es que la información financiera de una persona, incluyendo la cantidad de dinero que tienes en tus cuentas, si has devuelto un cheque o si tienes problemas financieros, sea conocida por personas que no necesitan saberlo. Estos son solo algunos ejemplos del tipo de información que se puede obtener sobre las personas cuando se viola su privacidad.

Según mi experiencia, no solo considero que se violó mi privacidad, sino que también se violó la privacidad de las personas relacionadas conmigo. Cuando se solicitó y obtuvo mi expediente de seguridad, sin mi conocimiento ni consentimiento, también se obtuvo información sobre mi familia, compañeros de trabajo, supervisores y vecinos. Esta información incluía sus nombres completos, dirección actual, número de teléfono y dirección de correo electrónico. Para las personas relacionadas conmigo, se obtuvo información adicional identificable que incluía su fecha y lugar de nacimiento.

Las empresas y otras organizaciones no están exentas de este impacto. El robo de datos puede revelar información sobre contratos y precios a sus competidores. También podría proporcionar secretos comerciales u otra información confidencial y/o relacionada con marcas registradas que podría dañar la reputación de la organización o proporcionar a un competidor una ventaja desleal en el mercado.

Impacto económico

Otra área que podría verse afectada por el robo de datos son las finanzas de una persona o una empresa. Recuerda que, cuando se produce un robo de datos, el autor obtiene información CONCRETA. Esta información podría incluir el número de seguro social, la fecha de nacimiento y la dirección de una persona. Este tipo de información es necesaria para solicitar un crédito, abrir cuentas bancarias o acudir al médico o al hospital.

Un ladrón de datos también podría utilizar este tipo de información para solicitar actualizaciones fraudulentas en las cuentas financieras de otra persona. En la era digital, muchas transacciones se realizan a través de dispositivos electrónicos. Un malhechor podría de manera creíble solicitar actualizaciones de cuentas financieras, ya que podría utilizar los datos robados para hacerse pasar por el titular de la cuenta.

Interferencia de la administración tributaria

La interferencia en el proceso de administración tributaria es otro posible impacto del robo de datos. Esta interferencia puede incluir el uso de información robada para declarar ingresos adicionales, deducciones adicionales o eliminar documentos fiscales. Como se ha indicado anteriormente, cuando se produce un robo de datos, se puede obtener la información de identificación personal de una persona. Un malintencionado podría utilizar esta información para enviar formularios falsos o fraudulentos a entidades gubernamentales con el fin de causar daños económicos. Esto puede suponer un reto, ya que la víctima del robo de datos podría tener que hacerse responsable de una deuda tributaria o verse obligada a someterse a una auditoría fiscal de forma injusta. Además, a nivel federal, esta víctima podría no poder recurrir al sistema judicial para detener este posible impacto debido a la Ley contra las medidas cautelares fiscales.

Creación de documentos fraudulentos

El último impacto potencial que quiero abordar es la creación y distribución de documentos falsos. En este caso, un malhechor comete un robo de datos con la intención de crear un documento falso utilizando información obtenida mediante el robo de datos. Para la mayoría de nosotros, probablemente parezca improbable que algo así pueda ocurrir. Sin embargo, como dije anteriormente, estoy proporcionando esta lista de posibles repercusiones basándome en mis experiencias como denunciante. Uno de los incidentes de mi experiencia como denunciante fue cuando una empresa de búsqueda de títulos tomó información sobre sentencias y embargos de personas que no tenían relación conmigo y la utilizó para crear un informe de búsqueda de títulos falso. Este informe de búsqueda de títulos atribuyó falsamente datos financieros negativos de otras personas a mí y a mi familia, en lo que considero que fue un intento de descalificación, un intento de decir que no éramos dignos de cierto tipo de préstamo.

Debido a la facilidad y confianza con la que esta empresa elaboró este informe fraudulento, comencé a creer, y sigo creyendo, que se trata de una práctica habitual, consistente en utilizar información inválida para descalificar a las personas y que no puedan solicitar y obtener créditos. Si bien esto puede suponer un problema para las personas que desean obtener crédito, también puede serlo para aquellas que atraviesan dificultades económicas.

Imagina que eres una persona que está pasando por dificultades económicas por cualquier motivo, como un despido o gastos médicos excesivos. Sin tu conocimiento ni consentimiento, una empresa o un malhechor decide utilizar tu desgracia financiera como medio para perjudicar a otra persona. En otras palabras, utiliza tu información financiera para crear y distribuir documentos que detallan un momento difícil en tu vida para descalificar a otra persona, sin que tú lo sepas. Por eso incluyo esta categoría específica como un posible impacto del robo de datos.

Para aclarar estos posibles impactos, voy a proporcionar tres ejemplos específicos de mis experiencias con el robo de datos.

5

Mi experiencia con el robo de datos

Durante mi trayectoria como denunciante, considero que fui víctima de robo de datos en varias ocasiones. Comparto estos casos porque involucran a personas relacionadas con el gobierno federal. Creo que esto es importante porque si este tipo de comportamiento puede ser perpetrado por este tipo de personas, creo que también puede ser perpetrado por empleados y asociados de otros tipos de organizaciones.

Obtención de Mi expediente de adjudicación de seguridad

El primer caso que quiero describir es cuando el Servicio de Impuestos Internos (IRS) solicitó y obtuvo mi expediente de adjudicación de seguridad sin mi conocimiento. Después de convertirme en denunciante, mi empleo en el IRS terminó en octubre de 2017. Como tal, no me presenté a ninguna entrevista con el IRS para ningún puesto vacante. Tampoco había recibido ninguna notificación del IRS indicando que se me estaba considerando para ningún puesto vacante en el IRS. A pesar de esto, el IRS se puso en contacto con la Agencia de Seguridad de Contra inteligencia de Defensa (DCSA) para obtener mi expediente de adjudicación de seguridad varias veces en 2018 (ver captura de pantalla más abajo).

```
CUR 00024 TOT 00047
METHOD    L / LINKAGE    SOI TR02      REQ   DEPARTMENT OF THE TREASURY
PURPOSE   P / PRE-PLACEMENT            ADDR  OFFICE OF SECURITY
DISCLOSED 12/07/2018 ID E321           CITY  WASHINGTON
                                       ST DC       ZIP 20228-0000
MAILED               ID                CTRY
RETURNED             ID                NAME

CUR 00025 TOT 00047
METHOD    L / LINKAGE    SOI TR02      REQ   DEPARTMENT OF THE TREASURY
PURPOSE   P / PRE-PLACEMENT            ADDR  OFFICE OF SECURITY
DISCLOSED 12/04/2018 ID E321           CITY  WASHINGTON
                                       ST DC       ZIP 20228-0000
MAILED               ID                CTRY
RETURNED             ID                NAME

CUR 00026 TOT 00047
METHOD    L / LINKAGE    SOI TR34      REQ   DEPARTMENT OF THE TREASURY
PURPOSE   P / PRE-PLACEMENT            ADDR  PERSONNEL SECURITY
DISCLOSED 11/19/2018 ID A186           CITY  FLORENCE
                                       ST KY       ZIP 41042-0000
MAILED    11/28/2018 ID 5369           CTRY
RETURNED             ID                NAME  A186

CUR 00027 TOT 00047
METHOD    L / LINKAGE    SOI TR02      REQ   DEPARTMENT OF THE TREASURY
PURPOSE   P / PRE-PLACEMENT            ADDR  OFFICE OF SECURITY
DISCLOSED 11/06/2018 ID GM50           CITY  WASHINGTON
                                       ST DC       ZIP 20228-0000
MAILED    11/27/2018 ID F851           CTRY
RETURNED             ID                NAME  TR02

CUR 00028 TOT 00047
METHOD    H / HARDCOPY   SOI TR11      REQ   DEPARTMENT OF THE TREASURY
PURPOSE   P / PRE-PLACEMENT            ADDR  PERSONNEL SECURITY
DISCLOSED 08/15/2018 ID 5185           CITY  FLORENCE
                                       ST KY       ZIP 41042-0000
MAILED    08/15/2018 ID 5185           CTRY
RETURNED             ID                NAME  SECURITY OFFICE
```

Cuando pregunté a la DCSA por qué había ocurrido esto, me respondieron que era «por motivos laborales», como se puede ver en la siguiente captura de pantalla.

Who can explain this to me? WHY were my records shared with Treasury? I did not authorize this sharing of information, especially given that my employment with the Treasury/IRS ended in 2017.

- Designated agency officials can request copies of DCSA-conducted background investigations for employment purposes. This is considered a pre-placement file release request, which is pursuant to the routine uses outlined in the published DUSDI 02-DOD, System of Records Notice (SORN) previously discussed in our response to your questions from April 21, 2022. These routine uses authorize the release of record

  information without the consent of the individual, in accordance with the Privacy Act of 1974, as amended, Conditions of Disclosure: (b)(3).
- In November 2017, the Internal Revenue Service (IRS) cancelled their request for background investigation case number 1620913354 (T2RS) so case number 1820091933 (T2S) could be processed. At the time of the cancellation, the IRS requested a copy of the completed T2S for pre-placement purposes. The T2S was completed in August 2018 and DCSA processed the request at that time.

¿Por qué lo considero robo de datos? A pesar de los argumentos y justificaciones proporcionados por la DCSA, considero que se trata de un robo de datos, ya que no di mi consentimiento para que el IRS tuviera acceso a la información de mi expediente de seguridad en 2018. Además, yo no tenía conocimiento de que la agencia hubiera solicitado esta información, ni se me notificó cuando se proporcionó dicha información al IRS. Denuncié al IRS, por lo que mi empleo terminó en 2017. No aceptaría un empleo en esa agencia debido a mi experiencia como denunciante. Por lo tanto, el hecho de que el IRS recibiera y obtuviera mi información personal identificable con fines «laborales» no me parecía plausible y sigue sin parecerme plausible.

Además, si la solicitud del expediente se completó en agosto de 2018, tal y como afirma la DCSA, ¿por qué hay varias solicitudes de información POSTERIORES a esa fecha? Según los registros que se me han facilitado, hay cuatro solicitudes adicionales de información sobre expedientes de adjudicación de seguridad. Como ya he dicho, no tengo constancia de que el IRS se haya puesto en contacto conmigo en relación con una posible oportunidad de trabajo en noviembre o diciembre de 2018.

Aunque yo haya tenido esta experiencia concreta, me preocupa que el gobierno pueda compartir información sin obtener primero el consentimiento de la persona. Para cualquiera que trabaje para el gobierno federal o tenga un contrato con él, proporcionamos al gobierno información muy detallada, completa y actualizada sobre casi todos los aspectos de nuestras vidas. Este esfuerzo de recopilación de datos recoge información como tu número de seguro social, fecha de nacimiento, número de licencia de conducir, número de pasaporte, toda la información financiera, todos los lugares en los que has vivido durante al menos los últimos siete años, la fecha y hora de tus viajes al extranjero, e información identificable de tus familiares (cónyuge, padres y hermanos), vecinos, amigos, compañeros de trabajo, supervisores y personas que puedan verificar tu información universitaria (si procede). Básicamente, el gobierno federal obtiene un «libro de tu vida», información que podría utilizarse para recrear o imitar a cualquier persona, si así lo deseara. Debido a la cantidad de información factual recopilada en este expediente, soy extremadamente cautelosa con respecto a quién tiene esta información y deseo que se apliquen los protocolos de seguridad más estrictos para protegerla, no solo por mí, sino también por los demás.

Imagina un escenario en el que una persona mentalmente inestable pueda obtener información de identificación personal sobre cualquier persona que desee simplemente pidiéndola. Esta persona mentalmente inestable no tiene una razón válida para solicitar este tipo de información ni necesita obtener tu consentimiento para recibirla. Además, no existe ningún requisito de aviso, por lo que no te enterarás de que alguien consiguió tu información personal identificable. Te hace parar en seco, ¿verdad? Situaciones como esta son las que me llevan a creer sinceramente que el robo de datos es una gran amenaza para la sociedad. La democracia puede verse comprometida cuando los actores gubernamentales pueden obtener tu información sin tu conocimiento ni consentimiento.

El IRS verificó Mi información académica

El segundo incidente específico que me gustaría detallar es cuando el IRS se puso en contacto con una organización privada para verificar/validar mis credenciales académicas, 16 meses DESPUÉS de que terminara mi empleo en el IRS. En febrero de 2019, por razones que desconozco, el IRS se puso en contacto con esta empresa para preguntar por mis credenciales académicas, como se puede ver en la captura de pantalla que aparece a continuación.

[redacted]

DegreeVerify Certificate

Transaction ID#: 0180236298 — Date Requested: 02/11/2019 15:51 EST

Requested by: [redacted] — Date Notified: 02/11/2019 15:51 EST

Status: Confirmed

Fee: $12.50

INFORMATION YOU PROVIDED

¿Por qué lo considero robo de datos? Considero que se trata de un robo de datos porque no di mi consentimiento para que el IRS verificara o validara mis credenciales académicas. Además, dado que mi relación laboral con la agencia finalizó en 2017, no creo que la agencia tuviera NINGUNA razón legal o comercial para conservar esta información.

¿Por qué me parece alarmante? Esto me parece alarmante porque creo que sienta un precedente para que las organizaciones o las personas puedan ponerse en contacto con otras entidades, como instituciones médicas o educativas, para verificar o validar información sobre las personas. Según mi experiencia, no parece que la parte solicitante necesitara tener una necesidad comercial o una justificación para la solicitud. Imagina una situación en la que un ex cónyuge, un ex amigo, un antiguo compañero de trabajo, etc., pueda ponerse en contacto con cualquier organización para verificar información médica, financiera o académica, sin tu conocimiento ni consentimiento. ¿Ya te estás dando cuenta de cómo el robo de datos puede afectar negativamente a tu vida?

Mensaje de texto solicitando mi PII

El último incidente específico que quería detallar fue un empleado del gobierno pidiendo información personal identificable por mensaje de texto, véanse las capturas de pantalla a continuación. En la conversación por mensaje de texto, me dijeron que esta información era necesaria para que me pudieran eliminar de un sistema gubernamental.

¿Por qué lo considero robo de datos? Considero que este incidente es un robo de datos porque una persona en una posición de confianza me estaba pidiendo que le proporcionara datos personales e información confidencial utilizando una justificación que yo pienso que era falsa. También me parece que había una amenaza implícita de represalias si no cumplía con la solicitud de datos, como se puede ver en la captura de pantalla que aparece a continuación.

[redacted]

(No subject)

No Problem. This is the same information I needed to put you in the system. I do not save it because of the PII. after I submit it electronically I shred the form. So that is why I did not have this info. This is for you to get cleared out of BEP for your PIV card so that you can get a new PIV card at where you are now. Thank you

Imagina que un funcionario del gobierno, a nivel local, estatal o federal, se acercara a ti, en calidad oficial, y te pidiera que proporcionaras información personal o confidencial. Además, después de la solicitud, se insinuó una amenaza implícita en caso de que no se cumpliera. ¿Esto te haría creer que tu información está segura? Yo diría que no.

Ahora que sabemos qué es el robo de datos, las razones por las que puede ocurrir, las posibles repercusiones del robo de datos, y que les he mostrado algunos ejemplos de mi vida, veamos algunas tácticas prácticas que podemos utilizar para protegernos.

6

Cómo protegerse

El robo de datos es un fenómeno nuevo en la era digital. Por lo tanto, no existe una solución única para esta nueva y emergente amenaza a la privacidad. Sin embargo, mi experiencia como denunciante me ha enseñado algunas tácticas que pueden ser eficaces para identificar y combatir el robo de datos. A continuación se indican algunas de las tácticas que me han funcionado bien.

1. Conoce tus derechos

Lo más importante que puedes hacer para protegerte y combatir el robo de datos es conocer tus derechos. Como dije antes, saber es poder. Muchas personas son víctimas de estafas y abusos porque no conocen sus derechos. Anteriormente, proporcioné un ejemplo de preguntas que consideraba que violaban mi privacidad (ej. robo de datos). Desafortunadamente, en el momento de la consulta, ni yo ni mis referencias conocían las reglas o políticas que rigen las investigaciones de antecedentes. Todos asumíamos que alguien en esa posición de confianza NUNCA excedería su autoridad para recopilar información que no estaba autorizado a recopilar. Por lo tanto, cuando nosotros nos enfrentamos a estas preguntas, las respondimos, a pesar de que la OPM y otros documentos de política gubernamental no permitían ese tipo de recopilación de datos para el puesto que yo solicitaba. Si yo o mis referencias hubieran sabido esta información, podríamos haber manejado la situación de otra manera. Desde este incidente, me he esforzado más por conocer mis derechos, especialmente en lo que se refiere a la privacidad. Leo la información sobre privacidad de las cuentas, especialmente las cuentas médicas y financieras. También hago preguntas Si una empresa me dice que necesita recopilar mi información, no tengo ningún problema en preguntar por qué la necesita, para qué la va a utilizar y cómo la va a proteger.

2. No tengas miedo de decir "NO"

Créeme, sé que este no es un paso fácil para la mayoría de las personas, especialmente si crees que decir que no puede tener consecuencias para ti. Por lo general, no tengo ningún problema en decirle «NO» a la gente (especialmente a las personas que no son cercanas a mí). Sin embargo, en uno de los ejemplos que proporcioné anteriormente, cuando recibí ese mensaje de texto solicitando mi información personal, no actué según lo que sabía que era correcto y adecuado. De hecho, le di mi información personal a alguien por mensaje de texto. Todo el tiempo que estuve haciéndolo, mi instinto me decía que estaba cometiendo un error, sobre todo porque creía que el motivo de la solicitud era falso. Sin embargo, dado que me preocupaba una posible reacción negativa, proporcioné la información solicitada.

No cometas el mismo error que yo. La mayoría de las veces, sabemos cuándo algo no está bien. Puede que no seamos capaces de identificar por qué algo no está bien, pero tenemos la «molesta» sensación de que así es. Escucha esa sensación; podría ahorrarte muchos dolores de cabeza en el futuros. Debido a que no escuché esa voz interior, NO TENGO NI IDEA de cuántas personas u organizaciones gubernamentales tienen ahora mi información personal identificable , ni qué sistemas informáticos la almacenan.

3. **Solicita por escrito, a través del correo postal, las solicitudes de información personal identificable (PII).**

Si te encuentras con una persona u organización que insiste en que debe obtener tu información personal, especialmente si crees que la solicitud es falsa, pídeles que te envíen la solicitud por escrito, por correo postal. No recomiendo solicitar o aceptar la solicitud por correo electrónico o cualquier otro servicio de mensajería; mi sugerencia sería utilizar el Servicio Postal de los Estados Unidos (USPS).

Esta estrategia tiene dos ventajas. La primera ventaja es que, si la solicitud es falsa, lo más probable es que la parte solicitante no la envíe. Mi experiencia me dice que pocas personas están dispuestas a dar los pasos adicionales que supone enviar una solicitud falsa por correo postal.

La segunda y más importante ventaja es que, si una persona o empresa está dispuesta a enviar una solicitud falsa por correo postal, tú puedes solicitar una investigación. Cualquiera que sea lo suficientemente atrevido como para enviar una solicitud fraudulenta por correo postal podría ser responsable de cometer fraude postal. El fraude postal se considera un delito grave, un delito que sería investigado por el Servicio de Inspección Postal de los Estados Unidos (USPIS).

Además, las sanciones por cometer fraude postal pueden ser muy graves.

4. **Utilizar software de privacidad**

Otro consejo que te sugiero es que utilices diversos programas para proteger tu privacidad. El software de privacidad va más allá del uso de software antivirus. Esto incluiría el uso de software como redes privadas virtuales (VPN) y navegadores privados. No voy a recomendar ningún tipo específico de software VPN o navegador privado; sin embargo, te sugiero que consultes con un especialista técnico, quien te podrá indicar qué software funciona mejor con tus dispositivos electrónicos.

5. **Revisar cuentas con frecuencia, especialmente. Cuentas financieras**

Otra táctica que me funcionó muy bien fue establecer una cadencia para revisar todas mis cuentas, incluidas las financieras y médicas. Desde los 18 años (ahora tengo más de 50), todas las mañanas tenía la costumbre de revisar todas mis cuentas, todas (no tengo idea de por qué empecé con esa costumbre hace tanto tiempo). Era un hábito que adquirí desde muy joven y que sigo manteniendo hoy en día. Sin embargo, fue este «extraño» hábito lo que me ayudó a saber cuándo podía haber problemas con alguna de mis cuentas.

Por ejemplo, una de las cuentas que revisabas cada mañana era mi tarjeta de crédito. Quería asegurarme de que no hubiera cargos no autorizados en mi cuenta. Una mañana, inicié sesión en mi cuenta y vi un cargo pendiente de $0.00. Debido a que hacía tiempo que no utilizaba esa tarjeta de crédito, me alarmé inmediatamente. Inmediatamente llamé al departamento de atención al cliente para obtener más información sobre la transacción pendiente. Me enteré de que esta transacción pendiente se generó en otro estado. El representante y yo coincidimos en que mi tarjeta de crédito había sido vulnerada. Por lo tanto, la empresa pudo cancelar la tarjeta de crédito antes de que la transacción pendiente se cargara en la cuenta, lo que garantizó que ni yo ni la empresa perdiéramos dinero.

Al realizar la acción de revisar mi cuenta , pude identificar que mi tarjeta de crédito estaba vulnerada. Por lo tanto, sugeriría que los demás hicieran lo mismo. Ahora bien, no estoy sugiriendo que todos revisen sus cuentas a diario. Sin embargo, sugiero que cada uno encuentre una cadencia que se adapte a su horario, en la que revisen sus cuentas en busca de transacciones sospechosas.

6. **Descubre quién ha accedido a tus registros**

Otra táctica que me funcionó bien fue saber quién había evaluado mis registros de datos, especialmente mis registros fiscales. Todas las organizaciones deben tener un registro cada vez que se acceda a los datos de uno de sus clientes. . Por lo tanto, deben poder proporcionar esta información cuando se les solicite. Saber quién ha accedido a tus datos y cuándo es muy importante para poder determinar si se ha producido un robo de datos y cuándo fue.

7. **Sigue quejándote, quejándote, quejándote.**

Cuando digo esto, me refiero a que hagas oír tu voz. Si te conviertes en víctima de robo de datos, díselo a alguien. No es necesario que te conviertas en una figura nacional (a menos que así lo desees), pero tampoco debes dejar que el incidente quede sin abordar. Al igual que con cualquier otra actividad delictiva, cuando el autor siente que ha salido impune de su mala acción, se siente envalentonado para continuar con su mala conducta. La misma lógica se aplica a las personas que cometen robo de datos. Si las personas y/o empresas consideran que pueden cometer robo de datos sin consecuencias, no dejarán de hacerlo. Recuerda que los malhechores prosperan en la oscuridad.

8. **Apoya a los grupos de defensa y protección de la privacidad.**

Según mi experiencia como denunciante, hay muy pocas leyes aplicables que respalden tu derecho a la privacidad, especialmente cuando hay funcionarios gubernamentales involucrados. Además, hay grupos de interés especial que necesitan acceder a nuestros datos para llevar a cabo sus planes. Por lo tanto, apoyar a los grupos que luchan por nuestra privacidad, seguridad y defensa de los derechos ayuda a todos.

En este momento, cualquiera puede entrar en un sitio web estatal y obtener información identificativa sobre personas, sin necesidad de tener un interés comercial para ello. Por ejemplo, en el estado de Maryland, podría consultar la base de datos de casos estatales y obtener información sobre personas, incluyendo su nombre y dirección, sin proporcionar ninguna información sobre mí misma. Creo que esto es problemático porque le proporciona información identificativa a cualquiera que tenga acceso a una computadora y a Internet, sin preguntar quién obtiene esta información y por qué. Por eso creo que es importante apoyar a las organizaciones que defienden la privacidad, la seguridad y los derechos, ya que pueden litigar sobre la cantidad de información personal que debe estar disponible en la esfera pública.

9. **Abogar por cambios legislativos**

Dejé esta táctica para el final porque aún no la pongo en práctica. Sin embargo, creo que es un tema que debe abordarse en el futuro. Durante mi trayectoria como denunciante, he aprendido que este es el aspecto que ha resultado ser el obstáculo más difícil de superar. Esto ha sido así independientemente del partido político en el ámbito local, estatal y federal. Durante mi trayectoria, he sido testigo de numerosas situaciones que, en mi opinión, se resolverían mejor creando nuevas leyes, actualizando las leyes actuales o aplicando una política que impusiera multas a los autores de robos de datos.

Hasta la fecha, aún no he conseguido ningún avance. De hecho, cuando presenté una queja contra el gobierno federal por lo que consideraba una violación de mi derecho constitucional a la privacidad (por ejemplo, robo de datos), el caso fue desestimado. Según mi interpretación del asunto, entendí que los empleados del gobierno federal podían violar mi privacidad y que yo no tenía ningún recurso porque las consecuencias para mí no eran lo suficientemente graves.

No creo que sea aceptable que los empleados o contratistas del gobierno federal puedan violar la privacidad de una persona y que esta no pueda recurrir al sistema judicial civil. Espero que la mayoría de los estadounidenses tampoco lo crean así y se unan a mis esfuerzos para conseguir más protecciones legales en lo que respecta al robo de datos.

7

Conclusión

En el mundo digital actual, en el que casi toda tu información se almacena, consulta y transmite electrónicamente, los datos son un recurso valioso. No solo es valioso para las organizaciones, sino también para las personas. Por lo tanto, como individuos, necesitamos comprender quién recopila nuestros datos, quién tiene acceso a ellos y cómo se protegen, incluso por parte de aquellos cuyos puestos de trabajo les dan acceso a nuestros datos.

Mi experiencia como denunciante me ha abierto los ojos a esta realidad.

Si te interesa saber más sobre mi trayectoria como denunciante:

Visita mi sitio web en
https://daniellespencer.org/

Conéctate/Sígueme en redes sociales:

LinkedIn:
www.linkedin.com/in/danielle-spencer-20aa6926a

Instagram :
@daniellespencer3647

X :
@DanielleSp43336

YouTube:
@DanielleSpencer-hv5fh

También puedes leer mi serie de libros *Digital Assassins, Digital Assassins: Surviving cyberterrorism and a digital assassination attempt* y *DIGITAL ASSASSINS II: Taking the Whistleblower fight to the Judicial Branch of Government*, disponibles en Amazon o Barnes and Noble.

www.ingramcontent.com/pod-product-compliance
Lightning Source LLC
LaVergne TN
LVHW010059061026
849532LV00005BA/1859
* 9 7 9 8 2 9 5 5 5 7 8 7 3 *